INVENTAIRE

F 35.943

I0059638

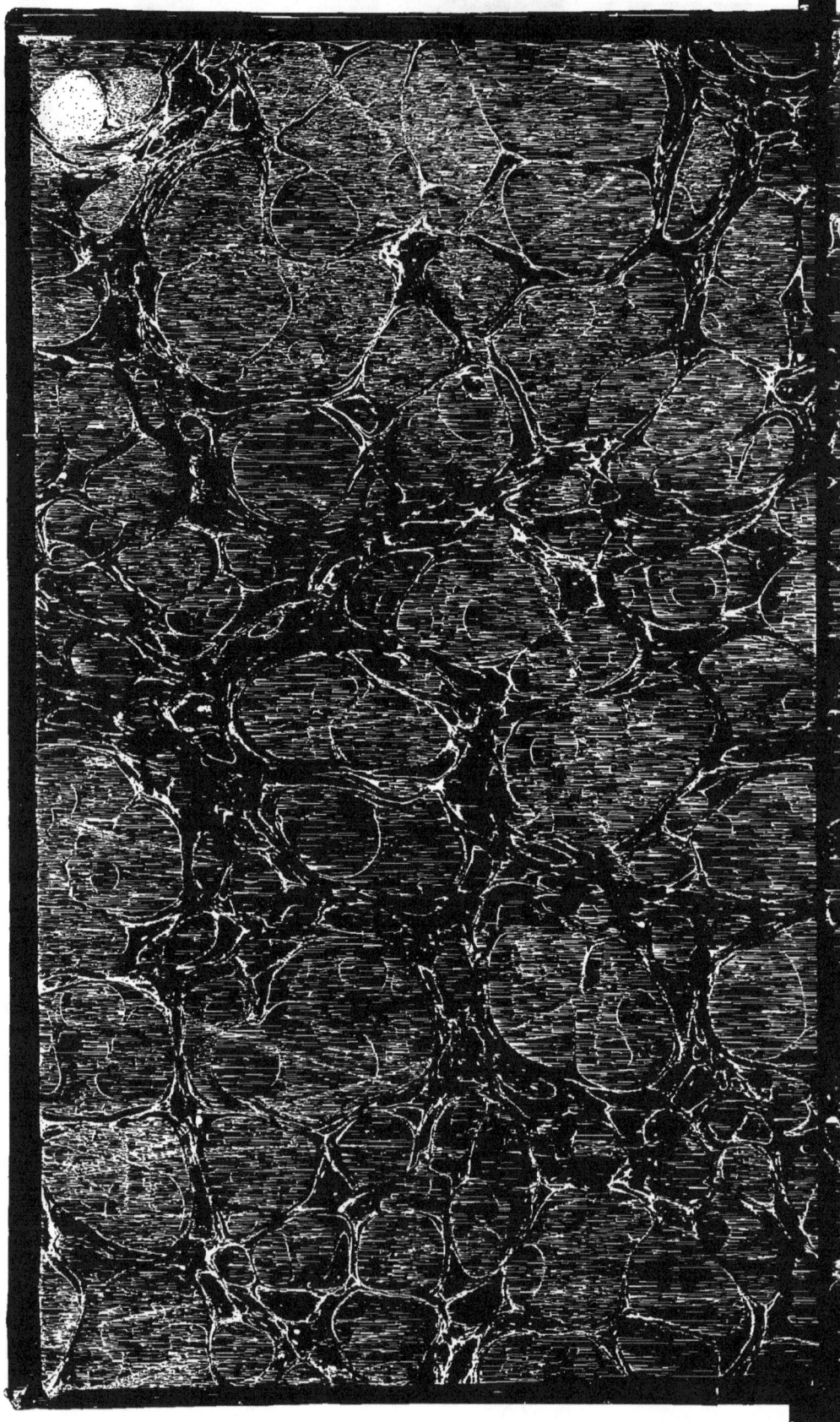

F

35943

DISCOURS

SUR LE

DROIT MARITIME

Ancien , Moderne , François, Étranger ,
Civil & Militaire ;

ET

SUR LA MANIÈRE DE L'ÉTUDIER.

Par M. GROULT, Docteur en Droit, Membre de
plusieurs Académies, Correspondant de l'Académie
royale de la Marine, & Procureur du Roi de
l'Amirauté de Cherbourg.

Le p.⁽ᵉ⁾ exemplaire de cet ouvrage
a été presenté au Roy, par
l'auteur, le 24 juin 1786,
pendant le Sejour de
Sa Majesté a cherbourg

A PARIS,
DE L'IMPRIMERIE ROYALE.

M. DCCLXXXVI.

DISCOURS

SUR LE

DROIT MARITIME

DISCOURS

Sur le Droit Maritime,
& sur la manière de l'étudier.

I.

DE tout temps le Droit maritime a fixé l'attention du Gouvernement chez les peuples commerçans & navigateurs *(a)*.

Il ne fut d'abord compofé que d'un petit nombre de Loix proportionné à l'étendue de la Navigation; mais le commerce fur mer s'étant agrandi, fes opérations s'étant multipliées, la Marine ayant mis plus de mains en œuvre, elle eut befoin d'un plus grand nombre de règlemens.

Les Grecs font les plus anciens peuples dont

(a) D. l. 1, §. 20. *De exercit. actione.*

A

les loix maritimes foient parvenues jufqu'à nous. Celles de Rhodes font de la plus haute antiquité *(b)*, & le fond de leurs ufages s'eft confervé jufqu'à nos jours : elles ont joui de tout temps de la plus grande confidération, & les Empereurs romains les ont adoptées comme une efpèce de Droit des gens, comme des loix *fouveraines de la mer (c)*. Auffi tout ce que nous retrouvons concernant la Marine dans les Recueils du Code & du Digefte, n'eft-il qu'une amplification des coutumes Rhodiennes.

Des mêmes fources grecques & romaines font forties, du temps des Croifades, les loix du Confulat de la mer, adoptées & confenties par tous les peuples de la Méditerranée; les jugemens d'Oleron, dont le Recueil fert encore de règle fur la plupart des côtes occidentales de l'Europe, & les ordonnances de Wifbuy qui font en vigueur fur la mer Baltique;

En partant de ces loix primitives, chaque peuple s'eft formé une forte de légiflation maritime particulière, concordante avec fes ufages, fes conftitutions perfonnelles, mais dont les principes fondamentaux fe retrouvent

---

(b) Fournier, *liv. v, chap. 4.*
(c) D. l. ix. *Ad legem Rhodiam.*

par-tout : & comment pourroient-ils être différens, puisque tous les peuples navigateurs,
qui font un commerce continuel & réciproque
les uns chez les autres, ne font censés faire
qu'une seule & même nation.

De-là ces Associations fameuses de tant de
Villes maritimes, pour faire fleurir entr'elles
la navigation & le commerce ; qui, quoique
soumises chacune dans son enceinte, aux loix
de leur pays, formoient cependant sur mer des
espèces de Républiques régies par les mêmes
loix, & dont la plus moderne est celle des
villes Anséatiques *(d)*.

(d) Voici ce qu'en dit l'Auteur des Loix , &c.
de l'Amirauté de la Grande - Bretagne, *page 47*, « *I
can't dismiss this dissertation without observing the
very extraordinary circumstances attending the constitution of the Hanse-towns who were, if j may so say,
rais'd out of the bosom of the Ocean : & being
drawn out of many communities, were in all places
one & the same community ; different people under
various institutions a shore ; & the same people, under
the same laws at sea. A constitution never parallel'd
in any age or time, & such a one as, j dare say,
neither Plato, Licurgus, nor any other of the greatest
Philosophers or Law-givers, ever dreamt of* ». Il finit
ainsi son éloge : « *When justice was no more on land,
they reviv'd the Golden Age on the Ocean ; & by
the enjoyment of serene & happy minds, found, amidst
turbulent storms, the only true tranquility* ».

A ij

FRANCE.

La France n'eſt pas l'État de l'Europe qui ſe ſoit le moins diſtingué par ſes loix de Marine : l'Ordonnance de 1681, paſſe pour un chef-d'œuvre en ce genre *(e)*, & on peut dire qu'elle eſt devenue en quelque ſorte un Droit commun chez ſes voiſins. Mais par combien de degrés n'a-t-il pas fallu paſſer avant de former un ſi bel Ouvrage ? Les premiers matériaux en avoient été ébauchés dans les Ordonnances de 1400, 1517, 1543, 1584, dans le Recueil des Ordonnances Royaux de l'Amirauté ; mais elle ſurpaſſe de beaucoup toutes ces pièces.

La Marine militaire n'eſt point compriſe dans l'Ordonnance de 1681 ; mais elle a auſſi ſes Règlemens généraux, depuis qu'elle eſt ſur le pied où nous la voyons aujourd'hui : ils

---

(e) Egregia ſanè & laude omni prædicanda collectio; nam quæ in aliis legibus maritimis utiliſſima præ cæteris exiſtunt, hîc ferè omnia invenias & multa de quibus alibi parcè admodum agitur, plenâ manu hîc afferuntur. Eleganter, ſuccinctè & luculenter omnia tradita ſunt….. Dignas judicarunt Angli leges iſtas ut e gallicâ in ſuam linguam transferrent….& magnis, ut par erat, laudibus extolluntur, dit un Auteur Hollandois dans un Ouvrage ſur la légiſlation de la Marine, imprimé à Amſterdam en 1714, *chap. 10.*

ont été précédés d'un Recueil d'Ordonnances détachées, qui parut en 1675 & 1677, mais qui ne tarda pas à être effacé par l'Ordonnance de 1689, à laquelle on a fait succéder celles de 1765 & de 1776, qui n'ont apporté que quelques changemens à celle de 1689.

Nous ne parlons point de plusieurs milliers d'Ordonnances particulières de Marine, consignées dans nos dépôts publics, ou imprimées dans des Recueils particuliers, qui servent d'accessoires aux Ordonnances générales.

Les Auteurs sur la législation de la Marine, n'ont pas été aussi nombreux en France qu'ailleurs; nous n'avons guère que les *Us & Coutumes* de la mer de Cleirac *(f)*, pour Ouvrage ancien sur cette matière; auxquels néanmoins on peut joindre ceux de Morisot & du Père Fournier *(g)*. L'Ordonnance de 1681 n'a eu que trois Commentateurs, Merville, Valin, & un Avocat de Marseille *(h)*; & l'Ordonnance

---

(f) Cleirac; *édit.* 1647, 1661, 1671.

(g) Morisot, *Orbis maritimi generalis Historia*, in-fol. 1643.

Hydrographie du Père Fournier, *in-fol.* 1667.

(h) Merville; *édit.* 1714, 1715, 1737, 1747, 1749, 1756.

Valin; *édit.* 1760, 1766, 1770.

L'Avocat de Marseille; *édit.* 1780.

de 1689 n'en a point d'autre que M. Richebourg *(i)*. A l'égard des Ouvrages de M.ʳˢ
Poncet, Pothier, Emerigon, ils ne roulent que
fur quelques parties du Droit maritime *(k)*.

ANGLETERRE.

Les Anglois ont moins d'Ordonnances que
nous, & ils n'en ont point une feule générale
fur la Marine : on en trouve la raifon dans la
difficulté qu'il y a chez eux à faire paffer un
bill en force de loi, quand il contient quelques
difpofitions nouvelles : auffi ont-ils mieux aimé
faire traduire en leur langue l'ancien rôle des
Jugemens d'Oleron, tiré du grand Routier de
Garcie, dit Ferrand, & l'édition qu'en a

(i) Richebourg, continuation de l'Hiftoire générale
de la Marine, *tome III, édit. 1758.*

(k) M. Poncet, Recueil des pièces concernant la
compétence de l'Amirauté de France, *in-12, 1759,
1780.*

Traité des contrats maritimes, des affurances & des
contrats à la groffe aventure, de Pothier, *édit. 1765,
1767, &c.*

Commentaire manufcrit de M. Emerigon, fur les 171
premiers chapitres du Confulat de la mer.

Ses Traités des affurances & des contrats à la groffe ;
2 vol. in-4.° 1784.

(7)

donnée Cleirac, avec fon Commentaire *(l)*, que de propofer au Gouvernement d'Angle-terre un nouveau Code de loix fur la Marine, dont cette Nation reconnoît cependant le befoin *(m)*.

Ils n'ont effectivement pour pièce de légif-lation vraiment angloife fur la Marine, que la grande Charte-marchande du roi Édouard I.er les articles arrêtés à Quimborougk du temps d'Édouard III, d'anciens ftatuts fur la com-pétence de l'Amirauté & fur celle du Gardien des cinq Ports (qui font les clefs de l'Angle-terre du côté du Pas de Calais), le fameux Acte de navigation dreffé par Cromwel, & paffé en force de loi la douzième année du règne de Charles II, quelques actes de Parle-ment pour les droits de Douane, des encou-ragemens pour l'augmentation de la Marine tant militaire que commerçante, & des règle-mens particuliers de police maritime. Ces pièces détachées n'ont pas pourvu à tout ; il faut pour le furplus s'en rapporter au droit commun des Nations *(n)*, ou en revenir au

_____

(l) Imp. en 1661, 1709, 1746, 1767.

(m) *Laws Ordonnances and Inftitutions of the Ad-miralty of Great Britain*, page 179.

(n) Voici comme s'explique à cette occafion Black-

A iv

(8)

Droit civil d'Angleterre, qui fait souvent changer de face les affaires maritimes par les prohibitions de fait ou de droit dont on fait usage dans les matières contentieuses. Les Auteurs Anglois ont fait des collections de Traités de commerce & de navigation, des recueils de chartes particulières pour leurs Colonies, quelques Ouvrages sur le trafic; un entr'autres fort estimé, sur les Loix, Ordonnances & Institutions de l'Amirauté de la Grande-Bretagne, civiles & militaires, imprimé en 1746 & 1767.

On trouve chez eux les ouvrages de Borough, Welvod, Selden, Zouch, Godolphin, Exton, Clerk, Molloy, Child, Parker, Weskett *(o)*; mais la plupart ne traitent que

stone dans son Code criminel d'Angleterre : « Dans » les différends maritimes qui se rapportent au fret, » aux assurances, à la grosse aventure, & autres choses » de cette nature.... dans les contestations sur les » prises, les naufrages, les ôtages, les rançons, il n'y » a pas d'autre règle de décision que cette grande & » universelle Loi marchande, qui est une branche de » la loi des Nations, Loi consignée dans l'histoire, la » coutume, les écrits des Sages, & généralement approuvée dans toutes les langues ». *Voyez* M. Emerigon, Traité des assurances, *chap. I, S. 6.*

(o) La Souveraineté des mers Britanniques, prouvée par le témoignage de l'Histoire, des Monumens & des

du domaine de la mer ; domaine chimérique en point de Droit, fi on le prend dans toute fon étendue, & dont les Anglois font néanmoins toujours entêtés.

HOLLANDE.

A voir les Hollandois ne refpirer que le commerce maritime, on croiroit qu'il eſt dirigé chez eux par un Code de Loix maritimes de la plus grande étendue : Peckius &

Loix principales du Royaume, par J. Borough ; *Londres, 1651.*

Selden, *Mare claufum, feu de dominio maris; Londres, 1636.*

Abrégé de toutes les Loix de la mer, recueilli de tous les écrits & monumens qui fe trouvent entre tous les peuples qui habitent le long de l'Océan & de la mer Méditerranée, fpécialement arrangé & difpofé à l'ufage & pour l'utilité des mers des domaines de S. M. Britannique, Irlande & Ifles adjacentes, par Welvod; *Londres, 1636.*

La Juridiction de l'Amirauté d'Angleterre, maintenue & prouvée, &c. par Richard Zouch, Docteur en Droit, & Juge de l'Amirauté; *Londres, 1663.*

Dicéologie maritime, ou la Juridiction de la mer d'Angleterre, par J. Exton, Docteur en Droit, Juge de S. M. en la haute Cour de l'Amirauté; *Londres, 1664.*

Vue ou examen de la Juridiction de l'Amirauté

Vinnius, deux de leurs principaux Auteurs fur cette matière, n'ont cependant travaillé que fur le Droit Romain, pour le conférer avec les ufages de leur République : il eft vrai que le Droit Romain a toujours fait loi chez eux, fuivant l'obfervation de M. Houard *(p)*; mais dans tout le Code & tout le Digefte de Jufti-nien, combien y rencontre-t-on de titres par-ticuliers fur la Légiflation de la Marine?

---

d'Angleterre, où les principaux points qui en dépen-dent font difcutés, &c. par J. Godolphin; *Londres,* *1661.*

Traité des affaires maritimes & du commerce, par C. Molloy; *Londres, 1676, 1682.*

Traité général du trafic & du commerce maritime, fondé fur les *Loix & Statuts du Royaume d'Angleterre,* Traités de commerce, Actes de navigation étrangère, naturalifation, &c. par J. Child; *Londres, 1694,* *1738, 1739.*

Praxis Curiæ anglicæ Admiralitatis, T. Clerk; *Londres, 1667.*

Loix de la Marine & des Affurances, contenant un Digefte ou Recueil de jugemens, d'actes de Parlement, qui y font relatifs, &ç. par T. Parker; *Londres, 1775.*

Digefte ou Recueil complet de théorie, loix & pratique fur les affurances, compilé des meilleurs Auteurs en différentes langues ; par J. Weskett; *Londres, 1781.*

(p) Traité fur les Coutumes Anglo-Normandes, *page 20.*

Leurs coutumes maritimes font encore les mêmes que celles des anciennes villes de Wifbuy, de Weft-capelle, de Damme & de la Hanfe Theutonique, qui ont plufieurs fiècles de vétufté. Les Ordonnances qu'on obferve chez eux leur ont été données par l'empereur Charles V, & par Philippe II, roi d'Efpagne; & fi l'on aperçoit quelques Règlemens plus nouveaux de leurs principaux Ports, ils n'ont pour objet que les contrats d'affurance, dont l'ufage eft aujourd'hui plus commun, que des tarifs de droits ou de falaires, que des chofes locales & de police particulière.

Ils auroient befoin d'une Ordonnance générale de Marine; mais cela ne peut avoir lieu parmi eux, où chaque Province, chaque Ville, chaque Seigneurie a fes ufages, fes priviléges, fes intérêts particuliers auxquels on ne peut toucher (q).

On trouve, malgré cela, en Hollande de bons Ouvrages de Légiflation fur le commerce maritime & la navigation, mais dont la plupart ne font que des réimpreffions ou des

---

(q) C'eft le témoignage qui nous a été rendu par M. Van-Amaurie de Roterdam, favant Hollandois, peut-être le feul qui travaillât aux progrès de la légiflation de la Marine de fon pays, & qui le fît avec l'agrément des États de Hollande.

traductions de Livres étrangers : ceux qui leur font particulières traitent des avaries, des affurances, des contrats à la groffe aventure, des navires & de leur frêt, des captures maritimes ; ou bien ils contiennent des Recueils de réfolutions, d'inftructions, liftes, placards & avertiffémens concernant l'Amirauté, les douanes, les affaires maritimes *(r)*.

(*r*) *De Mercaturâ, navibus, navigatione, &c. Decifiones & tractatus ;* Amfterdam, in-fol. 1669. La plupart des Auteurs de ce Recueil font Italiens.

Les loix du Confulat de la mer, traduites d'Italien en Hollandois, par Wefterveen ; *Leide, 1704.*

Roccus J. C. Napolitain ; *De navibus, naulo & de affecurationibus*, avec une préface de Wefterveen ; *Amfterdam, 1708.*

Idem, traduit en Hollandois, par Tectama, *1741.*

Differtation fur les navires qui font confifqués parce qu'ils portent des marchandifes de contrebande, de J. G. Heineccius, traduit du latin en Hollandois, par P. Sceperus ; *Amfterdam, 1757.*

Traité fur le droit de commerce entre nations neutres & nations en guerre, par Ploos Van Amftel, traduit du latin en Hollandois ; *Amfterdam, 1760.*

Loix maritimes des Pays-bas, avaries, argent à la groffe aventure, comprifes dans les Coutumes générales de la mer, &c. par A. Ver ver ; *Amfterdam, 1730.*

Traité général du domaine de la mer, & corps complet de loix maritimes, comprenant ce qu'il y a de

ESPAGNE & PORTUGAL.

LE Droit civil d'Efpagne eft compris dans une multitude de loix dont on a foin de temps en temps de former des compilations générales en forme de Codes. La plus ancienne que nous connoiffions, celle d'Alphonfe IX, fut

---

plus intéreffant dans les écrits des Anciens & des Modernes, dans lequel font expliqués les droits & coutumes des Négocians, Cours de Juftice & affaires de commerce, affurances, chartes-parties, connoiffemens, loix maritimes, lettres de marque & de repréfailles, par P. le Clerc ; *Amfterdam, 1757.* Prefque tout cet Ouvrage eft traduit de l'Anglois.

Brevis introductio in notitiam legum nauticarum. Lubeck; *Amfterdam, 1713 & 1714.*

Quintin Weitfen, *De avariis,* avec les notes de Van-Leewen, de Devicq & autres, *in-12,* dont il y a différentes éditions & en plufieurs langues.

Marc Zuerius Boxhornius, différens fragmens d'Ouvrages & de loix maritimes.

La Police de la mer des Provinces-unies, par J. Tiaffan, *1670.*

Le négoce d'Amfterdam, par Ricard; *édit. 1722 & 1781.*

Hugoni Grotii mare liberum, édit. 1609, 1616, 1633.

La jouiffance par provifion de la liberté de la mer, de Grafwinkell, contre l'Ouvrage de Selden; *à la Haye, 1652.*

imprimée en 1587 (ſ) avec le commentaire de Grégoire Lopez. Il a paru d'autres compilations ſous Ferdinand V & Iſabelle de Caſtille, & ſous Philippe II. Ces différens Codes de loix ont des titres particuliers pour la Marine tant militaire que de commerce, & font le premier Droit maritime d'Eſpagne (t).

Les affaires de commerce qui regardent uniquement les particuliers, ſe décident d'après les coutumes de la mer, telles qu'elles ſont

---

M. Schokii *imperium maritimum*.

Corn. Van Bynkershoek, *Diſſertatio de dominio maris*.

Boeck den Zee - Rechten, ou livre du Droit maritime, contenant le ſouverain & très-ancien Droit de la mer, &c. &c. &c. *édit. 1635, 1645, 1646, 1664, 1670, 1673*, avec les notes de différens Auteurs, tels que Taco Glins, G. Koock, &c.

Ordonnances ſur les aſſurances d'Amſterdam, de Roterdam & de Middelbourg; *édit. 1703, 1719, 1721, 1736, 1744, 1775*.

(ſ) Dans le temps que parut en France l'Ouvrage connu ſous le nom de *Code Henry*, qui avoit été compoſé pour ſervir de loi générale, comme celui d'Eſpagne, mais qui n'obtint point le ſceau de l'authenticité.

(t) *Fuero Juzgo, Fuero Reál.*

Leys de partidas. Leys del la recopilation. Curiä Philipica.

reçues par les *Contractations* ou maisons de commerce des principales villes de cet État.

On suit encore, sur les côtes de la mer Méditerranée, les usages de l'ancien Consulat de la mer, auxquels on a joint des Ordonnances particulières pour les navires armés en guerre, les assurances & d'autres objets, connus sous le nom de *Chapitres de Barcelone.*

C'est par les Loix & les Ordonnances du Consulat de Bilbao que se règlent les affaires de commerce sur les côtes maritimes de l'Océan: elles ont eu aussi leurs compilations particulières; la dernière a été faite par ordre du roi Philippe V, & approuvée par le Conseil en 1760.

Les matières qui concernent le commerce des deux Indes font une classe à part : on suit à leur égard les loix & les usages de la contractation & du Consulat de Séville (ou plutôt du port de Cadix, qu'on lui a substitué). Elles sont aussi soumises aux décisions & aux Ordonnances du Conseil royal des Indes. La première récompilation des loix qui regardent ces pays-là & leur commerce, parut en 1563: il y en a eu d'autres en 1636 & 1680.

Les usages maritimes suivis en Portugal, sont à peu-près les mêmes qu'en Espagne, dont ce Royaume a fait long-temps partie. Le

Portugal a néanmoins des Ordonnances particulières de ses anciens Rois, qui ont été con-
firmées en 1643 par Jean de Bragance à son
avènement au Trône, après la révolution
arrivée à cet État.

Les Auteurs sur la législation de la Marine,
tant d'Espagne que de Portugal, dont les noms
aient quelque célébrité, sont Santerna, Zua-
rius, Heuia, Freitas, Veitia, Lopez & le
chevalier d'Abreu *(u)*.

(u) Roderic Zuanius, *De usu maris, de navibus
transvehendis & mercibus exportandis.*—*Tractatus de
assecurationibus & sponsionibus Mercatorum.* P. Santerna,
Portugais.

Ces deux Ouvrages font partie du Recueil de *De
mercaturâ*, imprimé en 1623 & 1669.

Les sept parties du sage Roi Alphonse IX de Castille
& de Léon, avec le Commentaire de G. Lopez. *P. 2,
tit. IX, XXIV, XXVI. P. 5, tit. VIII, IX, &c.*

Le labyrinthe du commerce de terre & de mer, de
Juan Heuia Bolano, imprimé en 1619, 1652, 1657,
liv. III.

Norte ou guide de la Contractation des Indes occidentales, par J. de Veitia Linage; *édit. de Séville,
1672.*

De Jure imperio Lusitanorum asiatico. Step. de Freitas.

Traité Juridico - Politique des prises maritimes, du
Chevalier d'Abreu; *Cadix, 1756.*

ITALIE.

ITALIE.

Si nous paſſons à l'Italie pour reconnoître ſes loix maritimes, ſous trouvons qu'elles ont toujours pour principe le Droit Romain & les coutumes de l'ancien Conſulat de la mer. Toutes les Ordonnances, tous les Statuts de ſes Princes & de ſes Républiques, les déciſions de ſes Rotes & de ſes autres Tribunaux, partent toutes de ces anciennes loix, comme d'un droit obligatoire & toujours ſubſiſtant.

Ses plus anciens Ouvrages ſur le commerce maritime, ſont compris dans une Collection *in-fol.* qui parut pour la première fois en 1623, ſous le titre de *De Mercaturâ.* Elle a enſuite ceux de Julius Ferretus, Anſaldus, Targa, Roccus, Caſa-Regis, & pluſieurs autres fort eſtimés, ſur-tout les derniers *(x).*

(x) J. Ferretus, *De jure & re navali,* 1579.

Anſaldus. *Diſcurſus legales de commercio ;* édit. 1689, 1698.

Targa. Conſidérations ſur la Contractation, ou le commerce maritime, *Gènes, 1692, in-8.º*

F. Roccus. J. C. Néapolitain. *De navibus & naulo. Item de aſſecurationibus ;* édit. 1708, in-12.

J. L. M. dé Caſa-Regis *Opera omnia ;* édit. de Veniſe, 1740, 3 vol. in-fol.

B

NORD.

LES pays du nord de l'Europe ont aussi leurs loix particulières & des Ouvrages de réputation sur la législation de la Marine, mais la plupart sont anciens. Les Ordonnances de Wisbuy & de la Hanse Theutonique, le *Jus Hanseaticum*, le *Jus nauticum Suediæ*, le *Jus maritimum Danicum (y)*, ou les Ordonnances de Suède & de Danemarck sur la Marine; les Statuts de Prusse, de Lubeck, de Hambourg, de Dantzic, &c. sur la même matière.

Discursus legales de commercio, &c.

Tractatus de avariis; de Weitsen.

Le Cambiste instruit.

Le Consulat de la mer, avec des notes & des explications, &c.

(y) Les Ordonnances de Wisbuy & de la Hanse Theutonique sont rapportées par Cleirac.

Le *Jus Hanseaticum* de 1614, avec le Commentaire de Kuricke de Dantzic, dont il y a différentes éditions.

Le *Jus nauticum Suediæ*, le *Legisterium Suediæ*, des années 1608, 1618, avec le Commentaire de Loccenius.

L'Ordonnance générale de la Marine de Suède, de 1667, dernière édition; *Stockholm*, 1775.

Le *Jus maritimum Danicum*, de 1561; *édit. de 1591 & 1647.*

Le *Mare balticum*, le *Scriptorum de jure ma-*
ritimo Fasciculus, des Ouvrages fur les affurances, les avaries, &c.& le Traité de la faifie
des Bâtimens neutres, de M. Hubner *(z)*.

Nous comprenons ici les villes impériales
anféatiques qui font parfemées fur les côtes
de l'Allemagne, parce qu'elles font toutes au
nord de l'Europe. Les autres villes dépendantes

Celui de 1783, qui eft le IV.ᵉ Livre du Code de Loix
de Chriftiern V, traduit en plufieurs langues, *dernières*
éditions latines de 1710 & 1715, à Copenhague.

Le *Scriptorum de jure nautico & maritimo Fasciculus*,
imprimé à Halle en 1740, contient le *Jus maritimum &*
nauticum de Stypman ; les ouvrages de Kuricke, fur le
Droit Anféatique, fur les affurances, & fes queftions ;
& les trois Livres *de jure maritimo & navali*, de
Loccenius.

Annotationes Schardii ad jus Rhodiorum navale.

Marquard, *de jure mercatorum & commerciorum.*

Differtation fur le Règlement des affurances de
Hambourg, par R. Rouland, *1630.*

De jure maritimo commendatio ad modernum rerum
publicarum ftatum: G. J. Leikherio. Drefde, *1685.*

Navigatio libera, de Grouengius, *1693, 1694.*

De jure avariæ, par Lubeck. *Konigfberg, 1719.*

Remarques fur le Droit maritime de Hambourg, &c.
par Herman Langenbeck, *in-4.°* 1727.

(z) Hubner, imprimé à Paris en 1759 & 1778.

de l'empire d'Occident, ou de l'Empereur, ont peu de loix particulières pour la Marine.

TURQUIE.

Nous ne connoiſſons point les loix maritimes propres à l'empire Ottoman & aux côtes barbareſques ; ou plutôt nous penſons qu'ils n'en ont point d'autres que celles des autres Nations Européennes qui y font commerce. On peut s'en convaincre par la lecture des anciennes Capitulations données en faveur des Puiſſances chrétiennes, & ſur-tout par celles en forme de Traité entre la France & le Grand-Seigneur. La dernière de ces Capitulations par rapport à la France, & qui rappelle toutes les anciennes, revient à l'année 1740 de l'ère chrétienne ; mais elle diffère beaucoup des anciennes par rapport à la manière de rendre la juſtice en fait de commerce, &c. Les autres Nations de l'Europe ne pouvoient autrefois naviguer aux Échelles du Levant que ſous la protection & le Pavillon de la France, & ſes Conſuls étoient les arbitres de toutes les conteſtations maritimes qui s'élevoient, ſoit entre eux, ſoit avec les Turcs & les autres habitans du pays : tout cela eſt changé ; les Cadis des lieux ſont à préſent au fait des coutumes maritimes fuivies par les différentes Nations commerçantes, & ils s'y conforment dans les jugemens qu'ils rendent eux-mêmes aujourd'hui, tant entre les étrangers qu'entre leurs nationaux; & les François font quelquefois foumis à leur juridiction.

Après avoir donné une idée de l'état actuel de la légiflation de la Marine chez les principales Puiffances maritimes de l'Europe, paffons à l'étude qu'on en peut faire, & aux moyens de la faire avec fruit.

I I.

COMME nous n'avons dans aucune Univerfité, dans aucun Département de la Marine, & dans aucun Port de mer, de Profeffeur en Droit maritime, peut-être nous faura-t-on gré des fecours que nous pourrons donner aux éleves de la Marine & à tous ceux qui defirent s'inftruire à fond de cette partie du Droit. Effayons donc de faciliter leur travail.

Nous réduifons à trois les différentes méthodes d'étudier les loix & tous les Ouvrages compofés fur la légiflation de la Marine.

On peut avoir pour objet d'approfondir le Droit maritime dans toute fon étendue, & de comparer entr'elles les différentes loix qui le compofent, pour en connoître l'ordre & le

B iij

rapport, dans le même pays & d'un pays à un autre.

On peut se proposer de partir des premières loix de la Marine & de les parcourir successivement toutes, en descendant jusqu'à celles de nos jours, afin de voir leurs progrès, siècle par siècle, règne par règne, en faisant marcher l'histoire à côté de la législation.

On peut se contenter d'étudier les loix maritimes les plus modernes, celles qui sont en pleine vigueur, & dont on fait un usage journalier en France.

Nous ne mettons point ici au nombre des moyens qui peuvent conduire à s'instruire du Droit maritime, celui qui ne consisteroit qu'à consulter au besoin une loi ou un auteur; mais ceux qui réduiroient là toute leur étude, penseroient à tort être dispensés de tout travail.

Cette connoissance, quelque superficielle qu'elle soit, peut suffire à un Marin, à un Négociant; mais elle exige quelques soins préalables.

On commencera par rassembler tous les Auteurs connus sur cette matière, le nombre n'en est pas grand, & à peu de frais on s'en formera une bibliothèque passable. Quoique ces Auteurs ne soient pas tous du même poids, il n'est pas toujours indifférent d'en consulter

plusieurs sur un point de difficulté. Il seroit fort
à desirer qu'on pût s'en procurer un catalogue
complet, mais un catalogue raisonné, qui pré-
sentât l'idée, le plan de chaque Ouvrage, avec
le jugement qu'en a porté le Public, afin de
savoir d'avance quelle espèce de secours on
peut attendre de chaque Auteur.

Ne conviendroit-il point ensuite de s'assurer
si tous les Livres dont on se servira ont des
Tables, & si ces Tables sont assez fidèles & assez
amples pour indiquer tous les endroits qu'on
voudra consulter; on se trouveroit souvent
obligé de les rectifier, car il en est peu qui
soient exactes, souvent même il faudroit en
faire de nouvelles. Si le Dictionnaire *Nomo-
Thalossiarque*, commencé il y a quarante ans,
par feu M. de Brevolles, avoit eu lieu *(a)*, il eût
été d'un grand secours à ceux qui n'ont point le
loisir d'approfondir l'étude du Droit maritime;
à son défaut, & en attendant que paroisse le
grand Dictionnaire que l'Académie royale de

(a) Les matériaux de ce Dictionnaire n'ont pas été
tout-à-fait perdus, ils font partie de ceux dont il fut
rendu compte a l'Académie royale de la Marine, au
mois de Novembre 1776.

M. Collas de Brevolles, Lieutenant de l'Amirauté
de la Hougue, mérita l'estime de M. de Maurepas.

la Marine s'est proposée de faire dès son éta-
blissement, nous conseillons de consulter le
Dictionnaire universel de commerce de Sa-
vari, les meilleurs Dictionnaires de Droit de
Ferriere, Denisard ; le Répertoire de Jurisprudence de M. Guyot ; & , si l'on veut,
l'Encyclopédie méthodique, parties de la Jurisprudence du Commerce & de la Marine,
qui paroît formée de ces mêmes Dictionnaires ;
avec les critiques qui en ont déjà été faites.

Mais venons au but que nous nous sommes
proposé, & parcourons les trois méthodes
d'étudier la législation de la Marine, que nous
venons d'indiquer, en commençant par la
dernière comme la plus facile.

I. Le premier moyen d'étudier avec fruit
les loix de la Marine, consiste à lire attentive-
ment les Ordonnances générales de la Marine,
à se remplir la mémoire de leurs principales
dispositions, à tâcher d'en pénétrer le vrai
sens, à rapprocher pour cet effet le sentiment
des différens Commentateurs & des autres
Auteurs sur chaque article, à y joindre la connoissance des Ordonnances particulières qui
viennent à l'appui, ou qui servent d'éclaircis-
sement aux Ordonnances générales ; à se procurer les nouveaux Règlemens, les Arrêts &
tout ce qui peut faire varier la Jurisprudence

de la Marine; à parcourir les recueils d'Ordonnances, les procédures des dépôts publics
de Marine; à raſſembler les pareres, les Mé-
moires & toutes les pièces fugitives qui tendent
à éclaircir cette branche du Droit; à tirer, pour
ainſi dire, le ſuc de cet aſſemblage, pour ſervir
à ſe former, pour ſoi-même, un extrait général & méthodique qu'on puiſſe conſulter au
beſoin. Cet extrait ne ſera d'abord qu'un ca-
nevas, on le remplira peu-à-peu; & après bien
des augmentations & des réformes, on ſera
étonné des ſecours qu'il procurera.

L'analyſe des Auteurs dont on fait ordinai-
rement uſage par rapport à la légiſlation de la
Marine nous paroît eſſentiel pour cette étude.
Il faudroit ſur-tout s'aſſurer ſi les citations *(b)*
les plus intéreſſantes ſont exactes ou non. La
décompoſition d'un Ouvrage pour faire l'en-
tière vérification de ſes citations, paroît au
premier coup-d'œil impraticable; nous avons
eu occaſion d'éprouver qu'avec un peu de
patience il n'y a rien de ſi aiſé à faire : quand
un Ouvrage a été ainſi vérifié, & qu'on a tenu

(*b*) La connoiſſance des abréviations eſt auſſi indiſ-
penſable pour recourir aux endroits qui ſont cités : il
y en a beaucoup dans les anciens Auteurs, & ſur-tout
dans les Auteurs étrangers.

note en marge de toutes ſes erreurs, de ſes
mépriſes & ſes écarts, avec quelle confiance
ne le conſulte-t-on pas enſuite?

Nous nous contentons d'indiquer ici pour
étudier la partie civile de la légiſlation de la
Marine, le Commentaire de Valin, ſur l'Ordonnance de 1 6 8 1, avec le petit Commentaire
imprimé à Marſeille en 1 7 8 0, en 2 vol. in-1 2,
qui n'eſt qu'un extrait de l'ancien Commentaire
de Merville & de celui de Valin, mais où l'on
trouve rapportés pluſieurs nouveaux Règlemens depuis 1 7 7 5 juſqu'à 1 7 7 9. On trouve
dans la préface de Valin, les loix & les Auteurs
qu'on doit conſulter, on peut y joindre le
Traité du contrat de louage maritime de Pothier, ſes Traités & ceux de M. Emerigon, ſur
les aſſurances & les contrats à la groſſe aventure; le recueil de Règlemens, connu ſous le
nom de *Code noir;* un autre recueil ſervant
d'accompagnement au Tarif des cinq groſſes
Fermes, & le Guide du commerce *(c).*

A l'égard de la partie militaire de la Marine,
on trouve à la fin de l'Hiſtoire générale de la

(c) Le Code Noir eſt imprimé en 1 7 4 5, 1 7 6 2.
Le Tarif de 1 6 6 4, imprimé à Rouen en 1 7 5 8.
Le Guide du commerce de l'Amérique, imprimé à
Marſeille en 1 7 7 7.

Marine, continuée par M. Richebourg, un Recueil d'anciennes pièces concernant cette branche de législation, une espèce de Code des armées navales, en suite duquel on voit l'Ordonnance de 1689, conférée avec les anciens & nouveaux Règlemens : il ne faut plus pour compléter ce Recueil, que la connoissance des Ordonnances tant générales que particulières qui ont paru depuis l'époque de l'impression de cet Ouvrage, & de celles qui ont échappé aux recherches de cet Auteur *(d)*.

II. L'étude du Droit maritime, en suivant l'ordre chronologique, a son mérite particulier ; c'est par elle qu'on voit l'origine, le développement, la marche & les progrès de la Marine : car les loix & les évènemens sont liés ensemble jusqu'à un certain point, & en suivant le fil qui les fait succéder les uns aux autres, on voit le Code du Droit maritime, s'étendre, en même temps que le commerce & la navigation reculent leurs anciennes limites.

Nous ne prétendons point assujettir ceux qui suivront cette méthode d'étudier, à rassembler généralement toutes les pièces qui ont paru sur la législation de la Marine, depuis les Grecs

---

(d) On assure qu'il est question de faire une nouvelle Ordonnance des Armées navales.

Elle a paru depuis l'impression de cet ouvrage : c'est le Recueil des ord.ces & des Reglem.ns du 1.jan.r 1786.

jufqu'à nous, chez les différentes Puiſſances de l'Europe, ſans faire de diſtinction; car combien d'ordres particuliers rétractés preſque auſſitôt que donnés? combien d'Ordonnances qui n'ont eu d'utilité que dans une ſeule circonſtance, & qui ne préſentent aucune inſtruction au lecteur; la choſe ſeroit-elle d'ailleurs poſſible? Il ſuffit donc de connoître les loix les plus anciennes, les plus générales, les loix fondamentales qui ont paru dans chaque ſiècle, & qui depuis leur promulgation ſont reſtées, pour ainſi dire, intactes & perpétuelles, ſans entrer dans les détails, excepté quand on vient à ſe rap-procher du temps préſent & de notre propre pays.

Nous ne pourrions cependant blâmer ceux qui pouſſeroient l'exactitude juſqu'à vouloir raſſembler les moindres loix ſur cette partie du Droit, parce que celles qui ne paroiſſent bonnes à rien en elles-mêmes, étant rappro-chées de quelques autres, leur ſervent d'éclair-ciſſement, & nous aurions d'autant plus tort de blâmer ce travail, qu'on a fait un pareil recueil au Bureau général de la Marine de Verſailles, où l'on a raſſemblé juſqu'à cent vingt volumes d'Ordonnances du règne ſeul de Louis XV, ſans compter ceux des règnes précédens. Nous avons auſſi donné dans cette profuſion, puiſque

*Pour porter cette Table au degré de perfection dont elle peut être ſuſceptible, M. le M.⁹ de Caſtries a autoriſé l'U... à faire, aux dépens du Gouvernement, le travail néceſſaire: ... rien à preſcrire à ſon zèle. Il la mis en relation de lettre les Sçavans de l'Europe les plus verſés ſur le Droit mariti... M. Ponton en a fait autant par rapport à toutes les É...

cette correspondance ne fait que de commencer à se former
& desja M. de Launay, Intendant dela Generalité de Caen, a
invité l'auteur, dela part de M. le Garde des Sceaux, a verser dans
les Archives dela chancellerie de France, les pieces rares qui
passeront par ses mains.

notre *Table chronologique d'Ordonnances (e),
contient quarante à cinquante mille décisions
de loix de Marine, & qu'elle est au moins
double de celle du Bureau de Versailles, pour
la partie seule qui regarde la France; nous
sommes cependant bien éloignés de croire qu'il
ne manque rien à cette collection. **

L'ordre chronologique demande qu'on com-
mence l'étude du Droit maritime par les loix
Grecques & Romaines; qu'on parcourre le
Code des Visigots, la loi Salique & les Capi-
tulaires des Rois de la première & de la seconde
Race, avec les Ouvrages de M. Houard (f);
qu'on étudie ensuite les coutumes observées
du temps des Croisades, dont nous avons déjà
parlé; puis on lira tout ce qu'on pourra re-
cueillir de nos anciens Historiens & Jurifconfultes, sur le Droit maritime : on en trouvera l'indication dans l'Histoire générale de la Marine
de Morisot, & dans l'Hydrographie du Père
Fournier. Les loix qui ont eu lieu en France

(e) Plusieurs Académies en ont rendu compte au
Public. M. le M.ᵈ de Castries s'en est aussi fait rendre
compte.

(f) Anciennes Loix des François, contenues dans
les Coutumes angloises. Traités sur les Coutumes anglo-
normandes, publiés en Angleterre depuis le XI.ᵉ jufqu'au XIV.ᵉ siècle; par M. Houard.

** L'auteur a trouvé le moyen de rassembler
deux fois plus de livres imprimés ou manuscrits
sur la législation maritime de l'Europe, qu'il
ny en a sur cette partie, à la Bibliotheque
du Roi. car il ne faut pas croire . . . .

dans le temps que la plupart de ſes provinces avoient paſſé ſous des Puiſſances étrangères, doivent auſſi être conſultées. On mettra pour cela à contribution le recueil de Rymer *(g)*: on paſſera enſuite en revue les pièces ſur la Marine, qu'on pourra rencontrer dans les Ouvrages de Fontanon, Briſſon, le Guenois, ou plutôt dans le grand recueil de M. de Laurière & de ſes continuateurs des Ordonnances des rois de France de la troiſième race : on viendra enſuite aux différentes Ordonnances générales & aux recueils particuliers imprimés & manuſcrits, dont nous avons déjà parlé, tant des greffes des Amirautés, que des Bureaux de la Marine, &c. On parcourra également d'un bout à l'autre les Traités de commerce & de navigation, qui ſe trouvent dans le recueil de Léonard, & dans le corps diplomatique du Droit des gens, de Dumont. On pourra ſe procurer enſuite les nouvelles Ordonnances de Marine, en feuilles détachées, chez les Imprimeurs de la Capitale ou des provinces, ou par le moyen des abonnemens ordinaires.

(g) Fœdera, conventiones, litteræ & cujuſque generis acta publica inter Reges Angliæ & alios quoſvis Imperatores, Reges, Pontifices, Principes, vel Communitates, ab ineunte ſeculo xij, &c. édit. 1704 & 1741, 20 vol. in-fol.

III. Le troifième objet qu'on peut fe propofer en étudiant le Droit maritime, eft la
connoiffance de toutes les loix anciennes &
modernes qui ont été ou qui font encore ob-
fervées dans tous les pays de l'Europe, leurs
rapports & leurs différences, leur véritable
fens, leur efprit, les fecours, les éclairciffe-
mens qu'elles fe donnent & qu'elles reçoivent
les unes des autres. Une étude femblable feroit
fans doute celle qui conviendroit le mieux à un
vrai Jurifconfulte : on peut même affurer qu'elle
feroit néceffaire à celui qui n'auroit en vue
que d'approfondir les loix qui font actuelle-
ment en vigueur dans fon propre pays. En
effet, les différentes loix font liées les unes aux
autres, elles ont des rapports & des dépen-
dances par lefquels elles peuvent fe fervir
mutuellement d'interprétation. On ne peut
donc en découvrir le vrai fens & en faifir
l'efprit qu'en les comparant entr'elles ; non-
feulement les loix purement maritimes, mais
encore celles-là, avec les autres loix civiles
des Nations & avec le Droit naturel.

Un Jurifconfulte qui voudroit étudier ainfi
les loix maritimes d'un État particulier, auroit
befoin d'un Ouvrage en forme d'inftituts, dans
lequel on pût dévoiler & reconnoître le Droit
naturel & le Droit purement de convention ;

c'eſt-à-dire , le Droit qui eſt fondé ſur les ſeuls
principes de l'équité naturelle , & qui s'obſerve
également parmi tous les peuples, & le Droit
qui n'eſt fondé que ſur la volonté & les mœurs
d'un peuple particulier : dans lequel on pût
voir quelles ſont les loix générales de la mer,
celles dont le fond & les principes n'ont point
varié, depuis les Grecs juſqu'à nous , dans
toute l'Europe ; que les différens peuples navigateurs ont ſuivi ſans interruption ; que le
Droit civil de chaque État & celui qui réſulte
des différens Traités de commerce n'a oſé al-
térer ; & quelles ſont les loix de police particulières, non-ſeulement de l'État dont on eſt
citoyen , mais encore des autres pays, aux-
quelles on eſt aſſujetti quand on étend ſa navigation chez les Nations voiſines *(h)* ; un
ouvrage dans l'ordre des Inſtitutes de l'empereur Juſtinien , où l'on diſtinguât le Droit
des perſonnes qui tiennent à la Marine, celui
des choſes appartenantes à la mer, les actions
& les obligations maritimes , qui mît une

(h) Ce plan avoit été ébauché à l'occaſion d'une
Thèſe ſur le Droit maritime, ſoutenue en l'Univerſité
de Caën, en 1776, aux frais du Gouvernement, mais
la néceſſité de la renfermer dans les bornes du Droit
Romain, en fit élaguer les poſitions les plus intéreſſantes pour le Droit public de l'Europe.

différence

*L'auteur de cette Theſe etoit decoré de la
chauſſe de Docteur (qui luy avoit eté donnée
par le Roy) lors que M. le Mⁱ de Caſtries luy
fit l'honneur de le preſenter à S. M. le 24.*
.... M. & S. M. .. fit une attention particulière

différence entre le Droit écrit & celui qui résulte des Us & Coutumes de la mer *(i)*. Cet Ouvrage pris dans toute son étendue manque à notre législation ; mais il y est suppléé dans ses parties principales, par différens Traités particuliers dont nous avons déjà donné la note *(k)*.

Il ne faut donc pas se contenter de lire l'Ordonnance de 1681, avec les observations de ses Commentateurs, en y joignant les éclaircissemens qui conviennent à l'étude ordinaire ; mais il faut de plus l'étudier concurremment avec les fragmens du Droit Grec & Romain, qui y ont rapport, & avec ses Interprètes. Il faut la comparer ensuite avec le Droit public & particulier de l'Europe, en suivant à peu-près l'ordre prescrit par Westerveen, dans la préface de sa nouvelle édition des Ouvrages

---

(i) Les François ont plus de facilité que les autres Nations pour apprendre le fond de la législation de la Marine, puisque leurs loix sont en quelque sorte devenues communes aux autres Nations de l'Europe, comme nous l'avons fait voir au commencement de ce Mémoire. Lorsqu'ils les ont une fois étudiées, il ne leur reste plus qu'à les comparer avec celles de leurs voisins ; les loix anciennes avec les nouvelles, les loix générales avec les loix particulières.

(k) Traités de M.rs Valin, Pothier, Émerigon.

C

de Roceus *(l)*, en confultant tous les Ouvrages dont il donne la lifte; on peut, fi l'on veut, fuivre la marche que nous nous fommes prefcrite dans notre *Indication des Ouvrages & pièces de légiflation relatives à la faifie des Bâtimens neutres (m).*

Il faut conférer les premiers titres de l'Ordonnance de 1 6 8 1, avec le recueil des pièces concernant la compétence de l'Amirauté de France, de M. Poncet; les titres qui regardent les contrats maritimes, avec les Ouvrages de Pothier & de M. Emerigon; la partie des Prifes, avec les Traités du chevalier d'Abreu, de Hubner & de Valin, avec le Code des Prifes de M. Chardon; & le dernier Livre avec les Ouvrages de Mrs Tiphagne & du Hamel du Monceau, fur la pêche.

Nous ne dirons rien ici fur l'étude des loix de la Marine militaire de France, dont nous avons déjà parlé fuffifamment, finon qu'il faut y joindre la connoiffance des Règlemens que les autres Nations ont faits fur la même partie, & que nous avons déjà indiqués.

(l) Amfterdam, 1708.

(m) Imprimé à Paris par Lottin l'aîné, en 1780; traduit en plufieurs Langues étrangères, réimprimé à Roterdam, en 1780, par Arremberg.

MÉMOIRE EXPOSITIF

DE L'OBJET ET DE L'UTILITÉ

Des Conférences gratuites fur l'étude
du Droit maritime,

Tenues chez M. GROULT, *en 1780, 1781,
1782, 1783.*

DANS un Difcours fur le Droit maritime,
& fur la manière de l'étudier, que je préfentai
il y a quelque temps à plufieurs Académies,
& qui fut envoyé à M. de Sartine, alors Miniftre de la Marine, je fis voir en quoi con-
fiftoit la légiflation de la Marine ancienne &
moderne, les loix, les coutumes, les autorités qui, dans chaque fiècle, ont été reçues
par les différentes Puiffances de l'Europe ; je
donnai enfuite la manière d'en faire une étude
particulière, je la réduifis à trois méthodes.
La première tendant à approfondir le Droit
maritime dans toute fon étendue, & à comparer entr'elles les différentes loix qui le compofent, pour en connoître l'ordre & le rapport dans le même pays, & d'un pays à un

C ij

autre. Une autre méthode confiſtant à partir
des premières loix de la Marine pour les parcourir enſuite ſucceſſivement toutes juſqu'à
celles de nos jours, d'une manière hiſtorique
& progreſſive, d'âge en âge juſqu'au temps
préſent. Une dernière méthode propre aux
perſonnes qui veulent ſe contenter d'étudier
les loix de la Marine les plus modernes; celles
dont on fait un uſage actuel & journalier en
France.

Je diſois auſſi quelque choſe de l'étude
ſuperficielle, en faveur de ceux à qui la mul-
tiplicité des affaires ne permet pas de ſe livrer
tout entiers aux trois méthodes propoſées;
cette eſpèce d'étude qui conſiſte à conſulter
au beſoin une Loi, un Auteur, ſuppoſe des
connoiſſances préalables que je paſſois en
revue.

Lorſque je donnai ce petit Ouvrage, mon
but étoit de procurer aux perſonnes, qui par
état ſont obligées de ſe livrer à ce genre
d'étude, les facilités dont ils ont beſoin; mais
les bornes d'un ſimple diſcours n'avoient pas
permis d'entrer dans tous les détails relatifs à
un plan auſſi vaſte; j'aurois donc manqué une
partie de mon projet, ſi j'en fuſſe demeuré là.
On m'a demandé des explications, j'en ai
donné; on a bien voulu travailler d'après mes

vues & mes idées; on a enfuite effayé quelques-unes des méthodes propofées : infenfi-
blement il s'eft formé de-là des conférences fur
l'étude du Droit maritime, & quoiqu'elles
n'aient prefque point été connues du Public,
quoiqu'une partie n'ait eu lieu que par l'en-
tremife d'une correfpondance littéraire, j'ai
eu cependant la fatisfaction de voir concourir
à les former, des amateurs de prefque tous les
ordres d'Officiers de Marine & d'Amirauté,
des Jurifconfultes, des Négocians *(n)*, &c. Ils
n'ont pas à la vérité entrepris l'étude de la
légiflation de la Marine par les deux premières méthodes; la plupart même fe font
bornés à l'étude fuperficielle, regrettant de ne
pouvoir fe livrer à une étude plus férieufe &
plus fuivie,

Il n'a point été queftion dans ces conférences, d'enfeigner ni de profeffer le Droit
maritime, point de fupériorité, point de maî-
tre ni d'écoliers ; ces conférences n'ont jamais
préfenté que l'idée de l'égalité. J'ai cherché
à m'inftruire moi-même en contribuant à inftruire les autres : c'eft fous ce point de vue

---

(n) J'en ai donné l'état à la Société littéraire &
académique de Cherbourg, dans fa Séance particulière
du 11 Août 1780.

depuis à m. le Duc de Rewhie [?]
à m. le m.ᵉ de Caſtries
à l'Académie Royale de la marine
& à la bibliotheque du Roy.
Quelques unes de ces Tables doivent être

qu'il en a été rendu compte tant à S. A. S. M.
l'Amiral, qu'à M. de Sartine (qui étoit alors
Miniftre de la Marine), qui ont bien voulu
s'intéreffer à leur réuffite & à leur publicité.

De ces différentes conférences, il eft réfulté
une analyfe prefque générale des principales
loix maritimes; un dépouillement très-étendu
de la plupart des Ouvrages connus fur la légiflation de la Marine; des Tables des matières
fuivant leur ordre naturel & fuivant l'ordre
alphabétique, bien plus amples que celles
qu'on trouve dans les Livres ordinaires, &
d'une efpèce toute particulière; des Tables des
autorités dont on a fait ufage dans chaque
Ouvrage, & de toutes les fources où l'on peut
vérifier fi les citations font juftes, ou fi elles
ne le font pas; des Tables des méprifes dans
les citations, des plagiats, des fautes d'im-
preffion copiées fervilement d'un Ouvrage fur
un autre, & accréditées faute de vérification;
des Tables chronologiques des Ordonnances
citées ou rapportées dans chaque Ouvrage,
avec de femblables indications, annotations
& errata; des Tables de comparaifon d'un
Auteur avec un autre. Il n'y a pas jufqu'aux
Dictionnaires & aux collections ordinaires de
Droit de Marine ou de Commerce dont on
n'ait fait des analyfes.

Ces Tables ont été concertées de manière
à pouvoir se prêter un mutuel secours, comme
si tous les hommes studieux qui y ont travaillé,
ne s'étoient proposé que le même but & le
même genre d'étude.

Il me semble qu'au moyen de tout ce travail, un amateur du Droit maritime, qui
feroit sur les marges de ses Livres les correc-
tions, les additions, les annotations indiquées
par ces Tables, auroit fait plus de progrès dans
la connoissance de la législation de la Marine,
pendant l'espace de deux à trois mois, qu'un
autre dépourvu du même secours n'auroit fait
pendant plusieurs années.

Veut-on connoître le Droit Grec & Romain
sur la Marine? on trouve dans son analyse
toutes les notes nécessaires pour en rapprocher
les loix parsemées dans différens Ouvrages,
ou confondus dans le corps immense du Code
& du Digeste; on voit quel usage en ont fait
les Auteurs modernes, dans leurs Ouvrages,
& de quel poids il est parmi les Nations de
l'Europe, sur-tout parmi les François, les
Italiens, les Hollandois & les Nations du Nord.

Ceux qui sont curieux de connoître ensuite
les anciennes loix maritimes en usage avant,
pendant & depuis le temps des Croisades, en
trouvent le précis dans le dépouillement de

C iv.

différens Ouvrages anciens & modernes, sur-
tout de Morifot, de Fournier, de Rymer, &
de quantité de recueils d'Ordonnances, Édits,
Arrêts & Règlemens.

Les Officiers des Vaiffeaux de Sa Majefté,
& ceux de l'adminiftration de la Marine, trouvent pour leur partie de quoi fe contenter dans
les Tables des Ordonnances du Louvre; dans
celles de comparaifon des anciennes Ordonnances fur les armées navales, avec les nouvelles; dans le dépouillement du commentaire
ou conférence de M. Richebourg, & dans plufieurs autres Tables tirées du Bureau même de
Verfailles, ou de quelques-uns des Départe-
mens de la Marine. Cette branche d'étude doit
devenir plus intéreffante depuis que M. le Ma-
réchal de Caftries (o) a bien voulu m'offrir de
faire faire à Breft, à Rochefort, à Toulon, les
dépouillemens néceffaires pour la compléter.

Fait-on fon étude particulière des matières
dont la connoiffance eft réfervée au Confeil
de la Marine? l'analyfe de l'Ouvrage de Bou-
chaud, donne une idée de ce que l'on cherche;
& comme la matière des Prifes eft la princi-
pale qui s'y traite aujourd'hui, mon *Indication*,

_____

(o) Dépêche du 15 Juillet 1782.
Offre pareille de l'Académie royale de la Marine,
du 24 Mars 1786.

&c. fur la faifie des Bâtimens neutres (p), pré-
fentera au Lecteur l'enfemble des Ouvrages
étrangers qu'on peut confulter. Après cela les
Tables particulières des Livres qui en ont traité,
en donneront les détails, dont quelques-unes
ont été faites à l'occafion du Code des Prifes*(q)*.
On y trouvera des additions manufcrites &
différens fragmens détachés d'Ordonnances,
&c. prefque inconnues aujourd'hui, depuis
que les originaux en ont été brûlés lors de
l'incendie de la bibliothèque de M. de Valin-
court, à Saint-Cloud, en 1725.

La partie purement civile des Ordonnances
de Marine de France, eft celle fur qui les conférences ont jufqu'à préfent roulé le plus fou-
vent. Les principales Tables qui en ont été le
fruit, font celles des Us & Coutumes de la
mer, des différens Commentaires fur l'Ordonnance de 1681, & de plufieurs Ouvrages tant
imprimés que manufcrits, qui y font relatifs,

(*p*) Imprimé à Paris, par Lottin, 1780. *Item*, Amfterdam, en Langue hollandoife, par R. Arremberg,
1780, traduit auffi en Portugais.

(*q*) Code des Prifes compofé par M. Chardon,
Procureur général du Roi au Confeil pour cette même
partie, imprimé par ordre du Roi, à l'Imprimerie
royale, 1784.

& il y a tel Auteur dont l'Ouvrage a été dé-
compofé en quarante ou cinquante manières
différentes. Si l'on continue par la fuite de
s'attacher de préférence à cette partie du Droit
maritime, je me donnerai bien de garde d'é-
loigner par-là les amateurs des autres branches
de cette même légiflation ; au contraire, plus
ceux-ci feront en petit nombre, plus ils pour-
ront jouir librement des Livres que je puis
avoir fur ces autres parties du Droit nautique.

Je crois qu'il eſt fuperflu d'obferver que
dans ces conférences il n'eſt point queſtion
de rétribution, de lucratif, de pécunieux,
mon but eſt d'être utile, & je ferai fatisfait fi
je puis y atteindre. Bien plus, pour éviter à
un amateur des loix de la mer, fixé par état
à cent ou deux cents lieues d'ici, le défagré-
ment de quitter fon pays pour venir profiter
des conférences qui fe tiennent à Cherbourg,
on y fupplée, en lui faifant paffer les copies
des Tables & des autres Ouvrages qui font le
réfultat de ces mêmes conférences. Cet amateur étranger ou françois, faifant connoître
la partie du Droit maritime qu'il defire étudier
& approfondir, en indiquant les Livres & les
auteurs dont il fait ufage & qui font en fa
poffeffion, on prend en confidération l'objet
de fa demande, on examine dans les confé-

rences mêmes, quelles Tables lui font utiles,
& celui qu'on a chargé de les lui faire paffer,
les fait copier. On en trouve même de toutes
copiées, foit au greffe de l'Amirauté, foit à
l'école d'Hydrographie, foit chez quelqu'un
des écrivains de la ville pour la Marine. Ainfi
fans fe déplacer de chez lui, il a le même avantage que s'il avoit fuivi les conférences affidû-
ment & pendant long-temps; il peut rectifier
les erreurs qui fe rencontrent dans fes Livres
ordinaires, en corriger les fauffes citations, fe
les approprier en quelque forte par les notes
qu'il y répand, les rendre par-là bien plus
aifées à confulter. Il a dans des Tables très-
amples & en tout genre, les moyens néceffaires de tirer tout le parti poffible de ces
mêmes Livres, d'y trouver tous les fecours
qu'ils pourroient procurer à ceux qui en ont
fait une étude réfléchie. Je vais rendre ceci
encore plus fenfible par quelques détails.

Qu'on examine, fi l'on veut, les différentes
Tables des Commentaires fur l'Ordonnance
de la Marine, du mois d'août 1681, celles de
l'ancien Commentateur Merville, celles de
Valin, d'un autre Commentaire manufcrit, &
du nouveau imprimé à Marfeille, en 1780, on
verra tout d'un coup ce qu'ils ont de particulier, & ce qu'ils ont pris & puifé les uns
dans les autres.

· On connoîtra, par exemple, que fur quatre-vingt-quinze Auteurs cités par Merville, il y en a au moins quatre-vingt-dix dont les citations font copiées littéralement des Us & Coutumes de la mer de Cleirac; les Tables indiqueront chacun de ces plagiats. Les citations du Droit Romain, faites par Merville, font également copiées de Cleirac, & les fautes y fourmillent. Il en eſt de même des anciennes Ordonnances; il y a juſqu'à quinze fauſſes citations de la feule Ordonnance de 1584, & des autres Ordonnances à proportion ; & s'il a oſé parler de trente Arrêts ou Règlemens poſtérieurs à l'impreſſion du Livre de Cleirac, il le fait ſi mal-adroitement, qu'on ſuppoſeroit aiſément qu'il ne les a jamais lûs. Sa Table des matières, d'ailleurs très-incomplète & très-mal faite, contient juſqu'à cent cinquante fautes d'impreſſion dans certaines éditions.

Sur plus de mille autorités dont Valin a fait uſage dans ſon Commentaire, & qu'il a priſes dans cent Auteurs différens , on s'aperçoit (d'après les Tables dont il eſt ici queſtion) qu'une partie eſt inexacte , quelquefois même fauſſe ; c'eſt un mauvais préjugé en faveur d'un Auteur, d'ailleurs fort eſtimable. Il n'a pas fait à proportion autant de fautes dans ſes citations du Droit, des Ordonnances, des Arrêts & Règlemens, que Merville, & il y a

une grande diftance entre le mérite de ces
deux Auteurs; il y a cependant telles Ordonnances dont Valin a tronqué ou contrefait les
citations, jufqu'à une ou deux douzaines de
fois. Son *Errata*, s'il étoit général, contien-
droit plufieurs centaines d'articles. Ses erreurs
font auffi relevées dans le Commentaire manufcrit *(r)* qui contient plus de mille articles
de fupplémens & de critiques de ce Commentaire, & l'on y voit cinq à fix cents Ordonnances, &c. qui ne font citées par aucun autre
Commentateur : mais pour juger fi cet Ouvrage eft lui-même exact ou non, il faudroit
être à Verfailles, au Bureau de la Marine, pour
vérifier les citations, fur un Recueil manufcrit
d'Ordonnances en cent trente *vol. in-4.°* qu'on
a formé à ce même Bureau, d'où elles font
tirées pour la plupart.

Le nouveau Commentaire de l'Avocat de
Marfeille, n'eft pas auffi fautif dans fes citations que les autres, puifqu'on n'y trouve les
noms que d'une trentaine d'Auteurs; mais
toutes les citations qui en font faites font prifes
ou de Merville, ou de Valin; il n'y a que

(r) Il a été examiné pendant deux ans, par des
Commiffaires de l'Académie de Rouen, il a reçu
l'approbation de cette Compagnie, le 31 Juillet 1772.

trois Auteurs qui lui foient particuliers, une gazette, M. Jouſſe & M. Pothier qu'il cite chacun une fois. La partie typographique de cet Ouvrage eſt un peu négligée; mais il ne contient guère d'autres fautes dans ſes citations que celles qu'il a copiées dans Valin ou dans Merville, dont il n'y en a pas une ſeule de rectifiée. Il ne fait uſage que d'une douzaine d'Arrêts & de Règlemens poſtérieurs à ces deux Commentaires, & ne les a cités qu'une ou deux fois; mais il rapporte tout au long ſeize Arrêts, Ordonnances & Règlemens nouvellement rendus ſur la Marine, & ce n'eſt pas la partie la moins intéreſſante de ſon Ouvrage. Tel eſt à peu-près le réſultat des analyſes faites dans les conférences ſur l'étude du Droit maritime, des Commentaires de l'Ordonnance de 1681.

A l'égard des Tables des matières de ces différens Livres, dont quelques-unes ſont très-vicieuſes, on a employé un moyen nouveau pour les vérifier, les rectifier & les augmenter à volonté.

La conférence de M. Richebourg, ſur l'Ordonnance des armées navales, de 1689, contient environ cent fauſſes citations, qui ne ſont autre choſe que des fautes d'impreſſion : mais ces citations ne ſont pas, à beaucoup près, auffi nombreufes qu'elles pouvoient l'être; il a déjà été commencé, dans les conférences fur l'étude du Droit maritime, un nouveau Commentaire fur cette même Ordonnance, & un autre fur celle de 1765.

Voici un autre exemple de l'ufage & de l'utilité des Tables dont on vient de parler; il eft pris, non plus d'un Auteur, mais d'une loi quelconque de Marine.

Veut-on connoître comment la loi *Rhodia de jactu* eft reçue & mife à exécution chez les différentes Nations commerçantes de l'Europe? On trouve dans les Tables toutes les pages où cette loi eft citée par les différens Commentateurs fur l'Ordonnance de France de 1681, par Cleirac, dans fes Us & Coutumes de la mer, par Mrs Pothier & Emerigon, dans leurs Traités fur les contrats maritimes, les affurances, &c. quelles citations en ont fait Stracha & les anciens Jurifconfultes qui ont écrit fur le Commerce & la Marine, & qui forment la collection connue fous le titre de *De mercaturâ*, ce qu'en ont dit Roccus, Targa, Cafa-Regis, Averiani, & les autres Auteurs modernes d'Italie, Stypman, Kuricke & Loccenius, dont les Ouvrages font en quelque forte le Code maritime du Nord, connu fous le nom de *Scriptorum de jure nautico & maritimo Faf-*

ticulus, imprimé en 1740; quel parti en ont tiré Peckius, Vinnius, Weitzen & les autres auteurs Hollandois fur le Droit maritime; Lubeck & Langembeck, auteurs Allemands. On y voit non - feulement les pages où ce titre du Digefte eft cité par chacun de ces Auteurs; mais encore les dix loix particulières & les paragraphes qui le compofent. Avec les pages, on trouve encore l'indication des Livres, chapitres & articles où chacun de ces Auteurs a fait ces citations, afin que rien ne refte à defirer. On pourroit même y joindre les confirmations faites de la loi *Rhodia* par d'autres loix ou par quelques Souverains de l'Europe, v. g. par le Droit Canon, par Guillaume le Conquérant, &c.

Ce que je dis ici d'une loi romaine, a lieu pour toute autre loi maritime. On peut juger par ces derniers détails, de l'utilité des conférences fur l'étude du Droit maritime, dont il eft queftion dans ce Mémoire.

APPROBATION

A P P R O B A T I O N

De l'Académie Royale de la Marine.

Extrait des Regiſtres de l'Académie.

ON ne peut que louer le zèle & les intentions de M. G. & les moyens qu'il propoſe nous paroiſſent très-propres à faire pénétrer dans le dédale obſcur des loix poſitives ſur la Marine & ſes acceſſoires. Son travail aura même le grand avantage de faciliter celui de l'homme utile qui entreprendra quelque jour de comparer le Droit maritime avec la Loi naturelle, ſur laquelle il faut juger les Loix poſitives des Nations, dont les plus vantées ne ſont ſouvent, aux yeux de la vraie Philoſophie, que les erreurs de l'homme conſacrées par un long abus & par l'ignorance du mieux. A Breſt, le 19 ſeptembre 1782.

Signé FORTIN, BLONDEAU.

Je certifie le préſent conforme à l'original & au jugement de l'Académie. A Breſt, le 20 ſeptembre 1782.

Signé PREVALAYE.

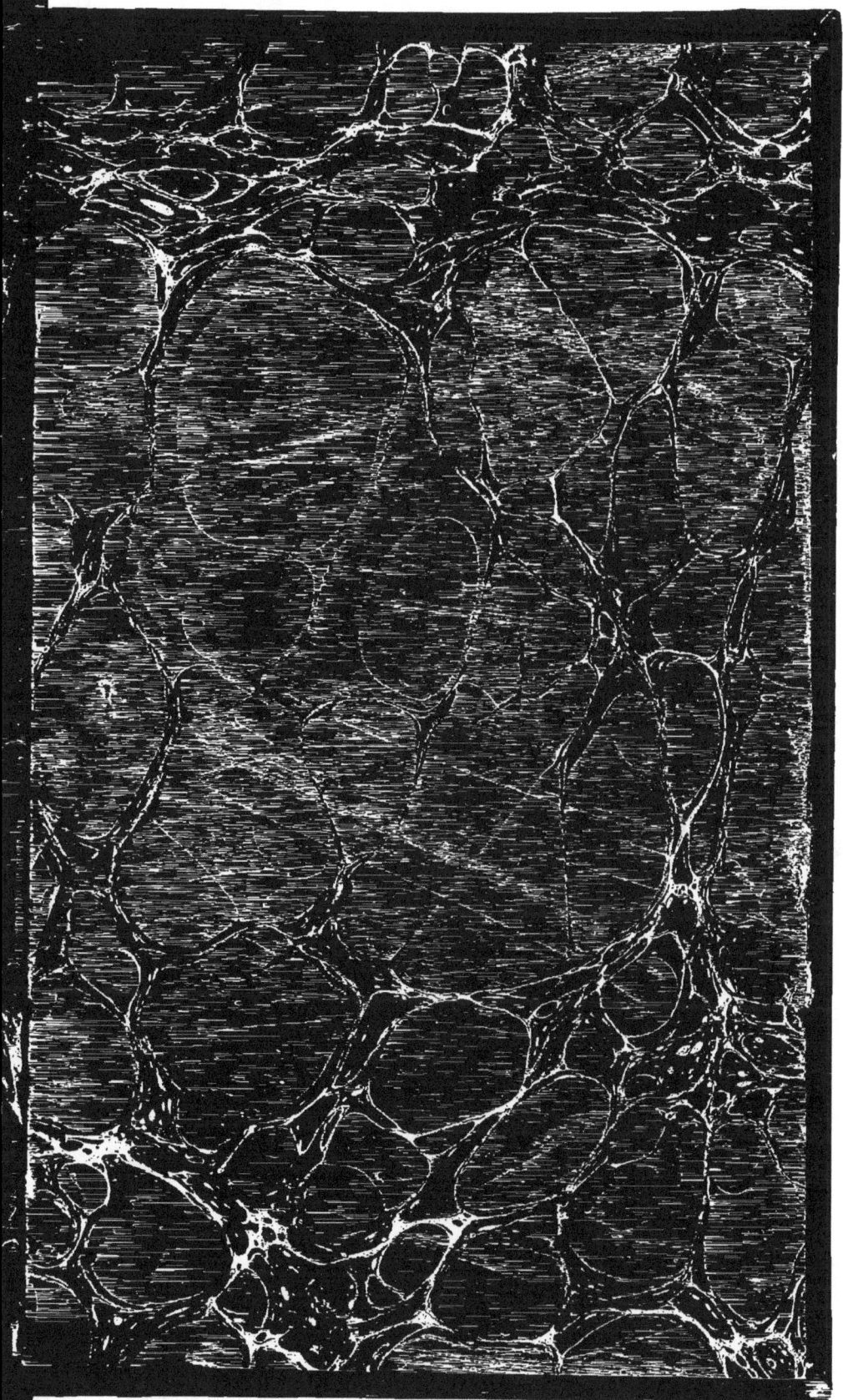

BIBLIOTHEQUE NATIONALE DE FRANCE

3 7531 03657802 0

www.ingramcontent.com/pod-product-compliance
Lightning Source LLC
Chambersburg PA
CBHW050515210326
41520CB00012B/2319